DISCOURS

PRONONCÉ

Par M. l'Abbé de MONTFORT,

Ancien Vic. Gén. de Senez, et Chanoine du Chapitre Royal de St.-Quentin, dans l'Eglise de la Ville du Buis, sa patrie, et à Sarrians.

La lettre suivante est le meilleur Avant-propos, l'Intro-
duction la plus heureuse, la plus belle Préface que je
puisse mettre à la tête de mon Discours. Ce n'est pourtant
pas que je ne sois jaloux d'obtenir le suffrage de tous mes
lecteurs, et que je ne sollicite ici leur indulgence plus
pour la forme que pour la nature de mon sujet; car, s'il
s'en trouvoit un seul qui me censurât sous ce dernier rap-
port, je ne saurois que le plaindre.

L'Abbé de MONTFORT,
ancien Vic. Gén. de Senez.

LETTRE

*De Madame la Maréchale, duchesse de REGGIO,
première Dame d'Honneur de S. A. R. MADAME
LA DUCHESSE DE BERRY, à l'Auteur.*

Paris, le 8 Mai 1823.

MONSIEUR l'Abbé, j'ai reçu la lettre que vous m'avez fait
l'honneur de m'écrire le 29 Avril dernier, ainsi que le Discours qui y étoit joint; et je me suis empressée de mettre
l'un et l'autre sous les yeux de Madame la Duchesse de
Berry. Son Altesse Royale, qui n'avoit pas eu connoissance du premier envoi, vous sait très-bon gré de l'avoir
renouvelé. Votre Discours lui a procuré un plaisir bien
réel, en ce qu'elle y a vu des sentimens de Religion et de
Royalisme, non-seulement très-bons, mais encore très-
bien exprimés.

La Princesse me charge de vous adresser ses remercî-
mens, et je suis charmée, Monsieur l'Abbé, d'être son
organe, puisque je trouve ainsi l'occasion de vous offrir
l'assurance de tous mes sentimens de considération.

LA MARÉCHALE OUDINOT, DUCHESSE DE REGGIO.

LETTRE

De l'Auteur à Son Altesse Royale Madame
la Duchesse de BERRY.

Madame,

Me seroit-il permis de mettre sous vos yeux un Discours qui sans avoir le mérite de la nouveauté, encore moins celui de l'à-propos, pourra néanmoins exciter, peut-être dans votre cœur maternel, quelqu'une de ces douces et ineffables émotions que vous éprouvâtes le plus beau jour de votre vie.

Si je vous l'avois présenté alors, j'eusse emprunté le langage d'un jeune enfant qui, après avoir ramassé des fleurs à la hâte dans une vaste prairie, les apporteroit à sa mère, et lui diroit, d'un air gai, joyeux et satisfait : « Ma mère, c'est aujourd'hui une grande fête ; voilà des fleurs : faites-en deux bouquets, un pour vous, l'autre pour moi. »

Aujourd'hui, Madame, c'est un véritable enfant, mais un enfant de soixante et dix-huit ans révolus qui s'avise, car on est étourdi à tout âge, qui s'imagine de ne pouvoir mieux célébrer le jour de sa naissance qu'en vous offrant cette guirlande. Toute fanée qu'elle est, un regard gracieux de votre Altesse Royale la rafraîchira ; et la satisfaction que j'éprouverai sera si complète, qu'après le désir du Ciel, il ne me restera plus rien à souhaiter sur la terre.

Je suis avec respect,

MADAME,

De votre Altesse Royale,

Le très-humble et très-obéissant
serviteur,

L'Abbé de MONTFORT,
ancien Vic. Gén. de Senez.

Carpentras, 29 Avril 1822.

DISCOURS

PRONONCÉ

PAR M. L'ABBÉ DE MONTFORT ;

Ancien Vic. Gén. de Senez, et Chanoine du Chapitre Royal de St.-Quentin, dans l'Eglise de la Ville du Buis, sa patrie, et à Sarrians.

Evangeliso vobis gaudium magnum quod erit omni populo.
Je vous annonce le sujet d'une grande joie pour tout le peuple. Luc 2. v. 9.
Les vœux de tous les bons Français sont remplis. Filius natus est nobis. *Il nous est né un Fils,* Isaïe, 9. 6.

Lorsque nous empruntons les paroles de l'Ange qui annonça aux Bergers de Bethléem la naissance du Messie, vous ne vous attendez pas, sans doute, mes Frères, que notre dessein soit d'établir aucune comparaison entre le Sauveur du monde et le Prince que la providence vient de nous accorder. Le seul rapprochement que nous croyons pouvoir nous permettre, c'est d'avancer, avec confiance, que si la naissance du Désiré des nations devoit un jour faire le bonheur du monde, et réjouir toute la terre, la naissance de Son Altesse Royale Monseigneur le duc de Bordeaux assure notre bonheur et réjouit toute la France, disons mieux, toute l'Europe.

Que nous devions nous réjouir ; rien de si juste ; rien de si permis ; la nature et la raison, de concert avec la Religion, nous y invitent ; mais la Religion mieux que la raison et la nature, nous apprend comment nous devons nous réjouir ; c'est tout le plan de ce discours. *Ave Maria.*

PREMIER POINT.

DE tout temps, en tous lieux, et dans tous les pays, la naissance d'un premier né fut un juste motif de se réjouir. Alors, la joie règne dans l'attelier du plus simple artisan, sous l'humble cabane du laboureur, comme sous les lambris dorés et dans le palais des grands ; mais la joie que cause la naissance d'un Prince héritier présomptif d'une couronne, prend un tout autre caractère.

En confiant la destinée des peuples à un simple mortel, l'éternelle sagesse a établi entre les peuples et les Rois, des rapports de devoirs et d'intérêts réciproques et d'un ordre supérieur aux intérêts et aux devoirs qui existent parmi le commun des hommes.

Il ne nous appartient pas, mes Frères, de vous entretenir, dans ce moment, des devoirs des Rois envers les peuples.

Les Rois ; écoutez bien ceci, mes Frères, représentant Dieu sur la terre, ne doivent compte de leurs actions qu'à Dieu seul. Notre Religion nous l'apprend. *Reges per me regnant.* Dieu s'est réservé, à lui seul, le droit de juger leur conduite, et de les récompenser ou de les punir, selon qu'ils auront mérité ou démérité lorsqu'ils paroîtront devant son redoutable tribunal.

Ils sont donc bien peu circonspects, bien hardis, bien téméraires, ceux qui ne craignent pas de censurer, de blâmer sans cesse la conduite de notre bon Roi. Les imprudens ! ils ne savent pas le tort qu'ils font à Sa Majesté, à la légitimité, à la société, à eux-mêmes, et surtout à la Religion.

Obéissance et fidélité : voilà, en deux mots, tous nos devoirs envers le Roi. De ces deux vertus, bien observées, découlent naturellement le respect, la vénération, le dévouement, l'amour et tous les autres sentimens dont nous devons être pénétrés pour le Roi.

Nous devons obéissance et soumission, non-seulement au Roi ; mais encore aux délégués de sa puissance : *Fratres*, dit le prince des Apôtres, *subditi estote.... propter Deum, sive regi, sive ducibus.* I. Pet. 2. 13.

Ce n'est pas à vous, mes Frères, que nous recommanderons d'être fidèles au Roi. Certes, les habitans de cette Ville ont fait leurs preuves à cet égard, et leur conduite, dans des temps, hélas ! bien difficiles, est au-dessus de tout éloge (1).

Vous le savez, mes Frères, l'intérêt et le besoin sont les premiers mobiles de nos actions et de toutes nos affections. S'il est bien entendu, l'intérêt est une vertu; s'il est mal dirigé, c'est un vice; et ce vice entraîne souvent dans les plus grands crimes.

L'homme aime et désire naturellement ce qui l'intéresse le plus et ce dont il a besoin. Or les peuples ont plus besoin des Rois, que les Rois des peuples, par une raison bien simple; les Rois, surtout les Rois Chrétiens, sont les pères de leurs peuples; et un père peut plus aisément se passer de ses enfans que les enfans de leur père.

Il suit de cette vérité incontestable, que l'amour des peuples pour les Rois est la véritable source de la joie à laquelle les différentes nations se sont livrées, se livrent encore et se livreront toujours à la naissance d'un Prince, héritier présomptif d'une couronne.

Et quel peuple fut-il jamais plus renommé, plus recommandable par son amour pour ses Rois, que le peuple Français !

L'amour des Français pour leur Roi !..... ici..... mes Frères,..... un épais nuage.....

Mais aussi, quels Rois de la terre furent

(1) Voyez la note à la fin.

jamais plus dignes d'être aimés, que les Rois de France.

Ah! si la grandeur du sujet n'étoit pas au-dessus de nos foibles moyens, nous ouvririons à vos yeux une vaste galerie ornée de leurs portraits. Puis, une voix plus éloquente que la nôtre, s'écrieroit : Français, voilà vos Rois ; les voilà, ces mortels qui depuis quinze siècles ont présidé aux belles destinées de vos pères. Voyez combien de grands Princes, de héros, ont rempli votre patrie de tous les genres de gloire, et rendu le nom Français célèbre dans tout l'Univers !

Détracteurs impitoyables de la Royauté ; homme haineux, qui avez sans cesse les mots de tyran et de tyrannie dans la bouche, dites-nous, combien, dans cette longue suite de Rois, en comptez-vous de méchans ? Allons..... parlez..... vous restez muets. Eh bien ! plus véridiques que vous, nous dirons, nous, qu'il n'y en a pas un seul. Dites le contraire, si vous l'osez. L'Histoire est là pour vous démentir.

Mais s'il étoit vrai qu'il fallût mesurer l'amour des peuples pour les Rois, sur celui des Rois pour leurs peuples, toujours seroit-il constant qu'on ne citeroit aucun peuple dont les Rois aient mieux mérité amour pour amour que les grands Monarques qui, dans l'espace de mille ans consécutifs, ont occupé le trône de Charlemagne.

Et, pour nous fixer à des temps moins recu-
lés, y a-t-il sur la terre une nation qui ne tînt
en honneur d'être gouvernée par nos Bourbons! Les Bourbons! ô que ce nom est beau!
mes Frères, qu'il est doux, tout-à-la-fois, et
vénérable! comme il sonne bien à l'oreille de
tout véritable Français! qui dit: Bourbon, dit
toujours bon, bon pour les bons, bon même
pour les mauvais. Où trouveroit-on une famille
qui réunit des cœurs aussi bons, plus aimans,
plus généreux, plus compatissant que dans la
Famille Royale?

Celui qui a dit que le cœur de notre bon
Roi étoit *un puits de clémence et d'amour*, a
dit une grande vérité.

En effet, mes Frères, qu'a pu faire Sa
Majesté pour se conserver l'amour des bons
Français, et se concilier celui des mauvais!
Qu'a-t-il pu faire, qu'il n'ait fait! cependant,
vous le savez; de combien d'amertumes son
cœur paternel n'a-t-il pas été abreuvé depuis
trente ans? moins occupé de lui-même que du
sort de son peuple chéri; affligé, tourmenté de
l'idée des maux et des calamités auxquels la
France seroit encore exposée, si la légitimité
venoit à cesser; le Roi désiroit un rejeton de
la tige sacrée de Saint Louis. Plusieurs fois, il
vit son désir à la veille d'être rempli; plusieurs
fois, il vit son espoir s'évanouir; lorsque tout-
à-coup, un attentat exécrable répand un crêpe

funèbre sur toute la surface de la France. On eût dit que le salut des Français étoit descendu dans la tombe , et que c'en étoit fait pour jamais de notre bonheur.

Cependant, dans un coin de l'horison apparoît une foible lueur : cette lueur augmente : c'est le crépuscule : la clarté se prononce : l'espérance renaît dans tous les cœurs : le Roi , la Famille Royale , toutes les âmes pieuses sont en prières : les uns, prosternés au pied des Autels ; les autres, levant les mains au Ciel , implorent la miséricorde divine. Ceux qui ne prient pas, désirent aussi. La lumière grandit : l'aurore du plus beau jour s'avance : le soleil paroît enfin. *C'est un Prince ! C'est un Prince !* et les voûtes du Louvre retentissent de ces consolantes paroles : *Nous avons un Fils ; filius natus est nobis.*

Au signal donné , l'airain annonce cette grande nouvelle à la Capitale, et le bruit du canon se propage d'une extrémité du Royaume à l'autre. Du nord au midi, du levant au couchant ; dans les villes , dans les campagnes , ce n'est qu'un cri : *Nous avons un Prince ;* et l'écho des montagnes répète dans les vallons : *c'est un Prince.* Tous les visages sont épanouis. La joie est universelle. C'est une sorte d'ivresse.

Ici, mes Frères , se présente à notre souvenir quelque chose de pareil. Les transports de cette joie inouie qui éclata dans toute la France à la naissance du duc de Bourgogne ; et encore à la première nouvelle de la guéri-son aussi subite qu'inespérée de son fils Louis le bien-aimé : à ces deux époques, comme aujourd'hui, on s'embrassoit dans les rues sans se connoître, tant il est vrai que l'amour pour les Bourbons est inné dans le cœur des vrais Français !

Dieu soit béni ! le Seigneur a consolé son peuple. Nos pleurs du soir sont convertis le matin en larmes de joie (1). Les haines sont étouffées ; les fausses opinions confondues, les véritables triomphantes , les prétentions dé-chues. Plus de guerres à craindre. Le règne de la paix universelle n'est plus une chimère.

Comme à la naisssance du précurseur du Messie, chacun se demande, *que pensez-vous que sera cet Enfant !*

Ce qu'il sera, mes Frères ; il est en naissant la clef de la voûte du superbe monument que les puissances étrangères ont eu tant de peine à élever ; le temple de la paix , il l'embellira un jour.

Ce qu'il sera , mes Frères , comme l'arc éclatant que Dieu plaça au firmament après le déluge , rassura, à jamais, Noë et sa famille

____

(1) Allusion à la plus désastreuse des nuits et à l'aurore du plus beau jour, qui, depuis des siècles ait éclairé la France...

contre une catastrophe aussi épouvantable, de même le nouvel astre qui s'élève sur l'horizon de la France, annonce la fin des horribles tempêtes qui nous ont si longuement, si cruellement agités en tout sens, met un terme à nos maux, et nous promet des jours heureux et prospères jusques dans l'avenir..... le plus reculé.

Ce qu'il sera, mes Frères, voulez-vous le savoir? écoutez les vertus qui entourent son berceau. La Religion, lui mettant l'auréole céleste sur le front, lui dit : *je te prends sous ma protection spéciale ; comme le premier auteur de ta noble race, tu seras mon fils chéri ; à son exemple, tu m'aimeras ; tu me feras respecter ; tu puniras les blasphémateurs.*

- *Je ne saurois mieux seconder les vues de ma sœur,* dit la Sagesse, *qu'en t'ouvrant tous mes trésors : en voilà la clef : la crainte de Dieu.*

La justice lui présente sa balance, et dit : *Elle ne vacillera jamais en tes mains.*

Pour conserver tant de vertus intactes et sans tâche, tu as besoin de moi, dit la Tempérance, *j'appris au premier de tes augustes aïeux à mortifier ses sens ; je réglerai les tiens.*

Quant à moi, dit la Bravoure, *je puis peu pour les Français, encore moins pour un*

BOURBON : cependant tiens : voilà une plume ;
aux jours de bataille, tu l'ajouteras au pana-
che de mon favori ; l'immortel Henri !

Et ne croyez pas, mes Frères, que ce soit ici
un portrait de pure imagination, nous ne fai-
sons qu'anticiper sur l'histoire. En voulez-vous
la preuve ? voyez , dans les Cieux, Saint-
Louis, la bienheureuse Clotilde , le Roi mar-
tyr ; voyez , comme cette famille de Saints
sourit aux belles destinées de cet enfant mira-
culeux. Contemplez , surtout , la Reine du
Ciel, cette grande protectrice de la France :
Marie, touchée, émue du concert de prières
que tant de belles âmes lui ont adressées , les
a accueillies, elle les a présentées à son divin
Fils, et le Fils de Marie ne refusa jamais rien
à sa mère.

Sous des auspices aussi vénérables , pour-
riez-vous douter , mes Frères, que le règne
du Prince dont la naissance rajeunit l'amour
Français pour ses Rois, et inonde nos cœurs
de la joie la plus pure , ne fasse époque dans
le Royaume des Lys ? Pour nous , nous en
sommes si intimement persuadés , que nous
n'hésitons pas d'avancer , avec confiance , qu'on
dira un jour , de choses plus grandes encore
du siècle de Henri que de celui de Louis.

Quelle agréable perspective , mes Frères,
pour la génération naissante ! De si belles espé-
rances , un aussi brillant avenir , sont , sans

doute, un bien juste motif de se réjouir ; mais comment devons-nous nous réjouir ? ce sera le sujet de notre second point.

SECOND POINT.

Après l'amour de Dieu et du prochain, la reconnoissance est celle des vertus, qui honore le plus le cœur humain et mérite de plus belles récompenses à celui du Chrétien. S'il est vrai que, parmi les hommes, un bienfait reçu soit un titre à un nouveau bienfait, à plus forte raison, auprès de Dieu, *une faveur dont on fait un bon usage, est toujours le gage assuré d'une faveur encore plus insigne* (1). Celle-ci est suivie d'une troisième qui en appelle une nouvelle, non moins précieuse ; car la main de Dieu est toujours ouverte pour répandre ses grâces avec d'autant moins de réserve qu'on se montre plus digne de les recevoir ; et, c'est dans ce sens qu'il faut entendre ces paroles : à celui qui a, il sera encore donné, *habenti dabitur.*

Nous lisons dans l'Ancien Testament, que lorsque le peuple Hébreu éprouvoit quel-qu'un de ces grands événemens marqués au coin d'une protection toute particulière de la part de Dieu en sa faveur, son premier em-pressement étoit de lui en témoigner sa recon-

(1) Evangile médité, tome V, page 30.

noissance dans des Cantiques consacrés à célébrer la grandeur de Dieu et ses bienfaits.

Le premier de ces Cantiques, et le plus sublime, est celui que Moyse composa, par ordre de Dieu, pour perpétuer, de génération en génération, la mémoire de la sortie de l'Egypte et le passage de la mer Rouge.

Disons-en les premières paroles : *Je chanterai à la gloire du Seigneur qui a si hautement manifesté sa puissance ; il a précipité dans la mer le cheval et son cavalier* (1).

Non-seulement l'Ancien, mais aussi le Nouveau Testament, renferment d'autres Cantiques également destinés à célébrer les louanges de Dieu. Les Psaumes furent presque tous, dans l'origine, destinés à ce noble usage ; et c'est dans le même esprit que l'Eglise les a adoptés. Les jeunes Hébreux apprenoient, de leurs parens, ces Psaumes et ces Cantiques. Tous aimoient à les chanter, dans leurs maisons, dans les champs, au milieu de leurs travaux ils les chantoient, surtout, pendant ces fêtes solennelles auxquelles les chefs de famille et une grande partie de la nation Juive se rendoient à Jérusalem pour adorer le vrai Dieu dans son Temple. D'où nous concluons que la manière la plus agréable à Dieu de nous réjouir et de lui marquer notre re-

______

(1) Cantemus Domino , gloriose enim magnificatus est equum et ascensorem dejecit in mare, *Exod. XV.*

connoissance ; c'est de le louer ; de le bénir et de le glorifier.

Vous en serez vous-mêmes convaincus, mes Frères, en vous rappelant qu'après la félicité ineffable de connoître Dieu et de le voir face à face, le plus grand bonheur des élus et de toute la cour céleste, c'est de chanter sans cesse ses louanges.

Ministres du Seigneur ! c'est à nous à donner les premiers l'exemple. Célébrons, de concert, les louanges de Dieu, chantons, comme Moyse à la louange du Très-Haut, qui a opéré, en ce jour, une véritable merveille pour le bonheur de la France, et qui nous destine à tous, un plus grand bonheur encore, si nous savons le mériter.

« O mon Dieu ! c'est de tout notre cœur que nous vous louons : nous reconnoissons que vous êtes le Souverain Seigneur de l'Univers, Père Éternel ! Toute la terre vous revère : nous unissons notre foible voix à celle de tous vos Anges ; à celle des Cieux, des Puissances, des Chérubins et des Séraphins, pour vous proclamer sans cesse : Saint, Saint, trois fois Saint le Dieu des armées. »

Il nous reste un second devoir à remplir, nos chers et respectables Confrères. Lorsque nous monterons à l'Autel pour renouveler le sacrifice de l'Agneau sans tâche, n'oublions jamais de prier pour la conservation de notre

bon Roi et de toute la Famille Royale. Prions
Dieu, surtout, de nous conserver notre jeune
Joas *comme la prunelle de l'œil et de le pro-
téger à l'ombre de ses aîles.* Prions aussi pour
sa tendre et vénérable mère.

Mes Frères, lorsque Dieu nous fit la grâce
insigne de célébrer notre Messe de cinquante
ans, nous compatîmes à la douleur (vous
pouvez vous le rappeler) de la nouvelle Ra-
chel. Nous priâmes le Seigneur de la consoler
bientôt. Le ciel a exaucé vos vœux et les
nôtres : ne nous bornons pas à lui en rendre
nos actions de grâces aujourd'hui, mais pre-
nons tous, à la face des Autels, l'engagement
de ne laisser passer aucun jour de notre vie
sans prier pour cette grande Princesse destinée à remplir, pour le bonheur de la France,
les pieuses fonctions de la Reine Blanche. Tout
nous promet que la nouvelle Judith s'en ac-
quittera avec le même succès.

L'ancienne Judith devint veuve par la mort
naturelle de son mari, la nouvelle Judith est
veuve par la main du plus criminel des hommes : l'ancienne Judith renonça aux pompes
et aux vanités de ce monde : le premier acte
de la nouvelle Judith a été de retrancher
elle-même, le plus bel ornement naturel au-
quel les personnes de son sexe tiennent davan-
tage : l'ancienne Judith consacra les grandes
richesses que son mari lui avoit laissées à faire

de bonnes œuvres : la nouvelle Judith ne met aucune borne à ses largesses pour soulager les malheureux ; elle a voulu que sa fille, à peine sevrée, fut la protectrice en titre de tous les Orphelins du Royaume : l'ancienne Judith sauva son peuple en donnant la mort au plus grand de ses ennemis : la nouvelle Judith a donné la vie au Sauveur de la France : le Grand Prêtre des Juifs, accompagné de ses Lévites, vint de Jérusalem à Bethulie pour complimenter l'ancienne Judith : le vénérable Pontife qui est à la tête du Clergé de France, les autres Cardinaux, les Archevêques, les Evêques et tous les Prêtres Français chantent aujourd'hui à la gloire de celle dont le Seigneur a tellement relevé la magnificence, que son nom, comme celui de l'ancienne Judith, ne mourra jamais dans la mémoire des hommes, et sera célèbre jusqu'à la fin des siècles (1).

Enfans ! écoutez-nous (2). Il y a aujourd'hui un mois que vint au monde le jeune Prince dont la naissance vous a tant réjouis. Vous êtes particulièrement destinés par votre âge, à

______

(1) Nomen tuum ita magnificavit Dominus, ut non recedat laus tua de ore hominum qui fuerint memores virtutis Domini in æternum. *Judith*, 13.

(2) Tous les enfans des premières familles de la Ville étoient rangés sur des bancs entre la dernière marche du grand Autel et la Sainte Table.

jouir de tout le bonheur que cet enfant chéri promet aux Français. Vous ne sauriez donc trop bénir, trop louer le Seigneur : *Laudate, pueri, Dominum.* Apprenez, mes petits amis, que *la louange qui sort de la bouche des enfans* est la plus agréable à Dieu (1); apprenez aussi que, pour vous, la meilleure manière de le bénir, c'est de l'aimer de tout votre cœur; c'est d'aimer de même vos parens ; c'est d'aimer le Roi et nos Princes, comme votre père et votre mère les aiment, comme nos aïeux ont toujours aimé leurs Souverains. Souvenez-vous, et n'oubliez jamais, que celui qui n'aime pas son Roi, bien certainement n'aime pas Dieu ; et que celui qui n'aime pas Dieu, n'est pas Chrétien, ou ne l'est que de nom (2).

Hommes et femmes, riches et pauvres, jeunes gens, filles de Sion, vous tous qui craignez le Seigneur, louez-le, glorifiez-le en cet heureux jour; louez tous son saint nom, parce qu'il n'y a de grand que le nom du Seigneur (3).

Rois et juges des nations, Princes et peuples de la terre, louez tous le Seigneur, glorifiez-le tous *d'avoir affermi sa miséricorde*

____

(1) Ex ore infantium et lactentium perfecisti laudem,

(2) Evangile médité, tome 1, page 11,

(3) Ps. 148,

sur nous (1). Rejouissez-vous avec nous *qu'il ait daigné relever notre puissance ;* vous le devez , peuples et nations de l'Europe ; car votre plus grand bonheur dépend beaucoup du nôtre. Souvenez-vous que la vérité , cette fille du Ciel, est éternelle ; et qu'en dépit des méchans, en dépit des impies , des illuminés et de tout l'enfer conjuré , notre belle France sera toujours la France.

Quant à nous , vieillards , mes très-chers Frères , pourrions-nous assez louer le Seigneur, assez le bénir ? que d'actions de grâces ne lui devons-nous pas d'avoir prolongé notre carrière au-delà de ce qu'il accorde au commun des hommes ! Après tous les évènemens dont nous avons été témoins, aurions-nous jamais pu espérer de voir luire ce jour fortuné , ce jour qui nous rappelle les plus beaux jours de la France , et les assure à vos enfans , à nos arrières-neveux ? Livrons-nous à la joie générale ; mais songeons et ne perdons pas de vue que cette joie ne sauroit être de longue durée pour nous : les infirmités nous gagnent ; les puissances de notre âme, ainsi que les organes de nos corps foiblissent ; *nos jours déclinent comme l'ombre ;* tout nous avertit que nous ne devons plus aspirer qu'à la véritable joie , celle qui ne doit jamais finir.

(4) Ps. 116.

Disons-nous tous ensemble avec le vieillard Siméon : *Nunc dimittis servum tuum Domine, secundum verbum tuum in pace.* C'est à présent, Seigneur, que selon votre promesse, vous appelez vos serviteurs en paix. *Quia viderunt oculi nostri, salutare tuum,* puisque nous avons vu naître le précieux enfant qui doit être le Sauveur de la France. *Quod parasti, ante faciem omnium populorum.* Cet enfant, vous l'avez destiné de toute éternité pour être présenté à la face de tous les peuples de l'Europe. *Lumen ad revelationem gentium,* pour être un jour, par ses rares vertus, par la sagesse de son règne, comme un grand flambeau qui éclairera les nations dans leurs égaremens ; *et gloriam plebis tuæ Israël,* et reprendra un nouveau lustre sur la gloire du nom Français.

Dégagés de tous les liens terrestres, nous ne soupirons plus, ô mon Dieu ! qu'à être admis au rang de vos élus, pour nous réjouir, et pour vous louer éternellement dans le Ciel. Dieu nous en fasse la grâce à tous.

NOTE.

(1) La fidélité des habitans du Buis envers leurs Souverains est historique. Ils refusèrent d'abord d'obéir aux
Rois de France, lorsque Humbert leur céda le Dauphiné ;
et il fallût que ce Prince vînt au Buis pour les dégager
lui-même de leur premier serment. Depuis lors, leur fidélité envers nos Rois, ne s'est jamais démentie ; et elle a
éclaté, surtout pendant tout le cours de nos malheureux
troubles, ce qui leur valut d'être privés de tous leurs Eta-
blissemens qui furent transférés à Nyons , nonobstant
toutes réclamations et au grand préjudice des administrés ,
attendu que cette dernière ville est bien moins point cen-
tral que la première.

Lors des cent jours , les habitans de Sarrians furent
les premiers de se joindre à ceux de Carpentras, pour
aller délivrer Avignon, où s'étoient introduits deux ou trois
mille mauvais sujets , qui menaçoient jour et nuit les
habitans de cette Ville de mettre tout à feu et à sang.

FIN.

De l'Imprimerie de Laurent AUBANEL, à Avignon.

www.ingramcontent.com/pod-product-compliance
Lightning Source LLC
Chambersburg PA
CBHW061613050726